AF220966

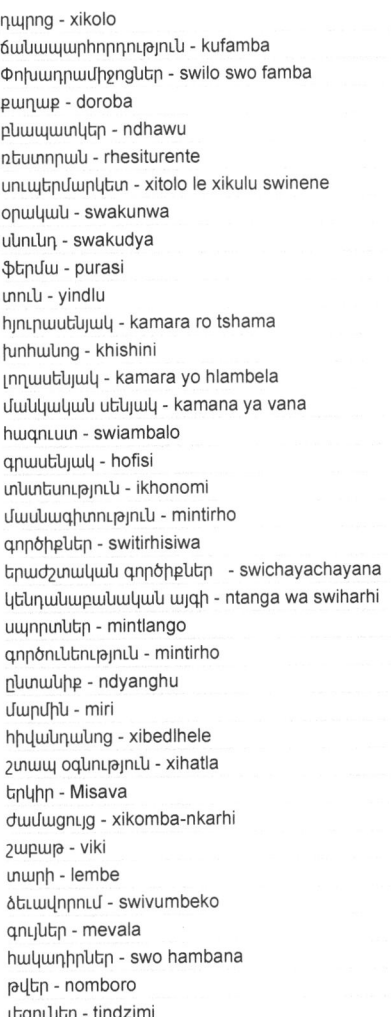

Impressum
Verlag: BABADADA GmbH, Nedderfeld 112 , 22529 Hamburg
Geschäftsführer / Verlagsleitung: Harald Hof
Druck: Books on Demand GmbH, In de Tarpen 42, 22848 Norderstedt

Imprint
Publisher: BABADADA GmbH, Nedderfeld 112 , 22529 Hamburg, Germany
Managing Director / Publishing direction: Harald Hof
Print: Books on Demand GmbH, In de Tarpen 42, 22848 Norderstedt, Germany

դպրոց
xikolo

մատյան
tlelase
բաժանել
ava
գրատախտակ
pulanka
խաղադաշտ
ուսուցիչ
tichere
թուղթ
papila
գրել
tsala
գրիչ
pene
գրասեղան
tafola
քանոն
rula
գիրք
buku
աշակերտ
mudyondzi

պայուսակ

xinkwamana

գրչատուփ

bokisi ra tipensele

մատիտ

pensele

մատիտի սրիչ

muchini wo vatla tipensele

ռետին

rhaba

նկարչական ալբոմ

papilo ro dirowa

2

Նկարչություն

xifaniso lexi diroweke

վրձին

burachi ro penda

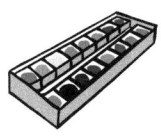

Ներկերի տուփ

bokisi ro penda

մկրատ

xikero

սոսինձ

xidamarheti

տետր

buku ya xikolo

Տնային աշխատանք

ntirho wa le kaya

12

թիվ

nombhoro

2+2

գումարել

engeta

5-2

հանել

susa

2×2

բազմապատկել

andzisa

հաշվել

hlaya

A

տառ

letere

ABCDEFG HIJKLMN OPQRSTU VWXYZ

այբուբեն

maletere

hello

բառ

rito

տեքստ
rungula

կարդալ
hlaya

կավիճ
choko

դաս
dyondzo

մատյան
tsarisa

քննություն
xikambelo

վկայական
xitifiketi

դպրոցական համազգեստ
swiambalo swa xikolo

կրթություն
dyondzo

հանրագիտարան
nsonga-vutivi

համալսարան
univhesiti

մանրադիտակ
makhiriskopu

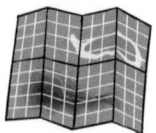

քարտեզ
mepe

աղբարկղ
xikotela xo lahla maphepha

ճանապարհորդություն
kufamba

հյուրանոց
hotele
Grand
հանրակացարա
ն
hositele
ROOMS
փոխանակման կետ
ndhawu yo cinca mali
EXCHANGE
ճամպրուկ
putumendhe
ավտոմեքենա
movha

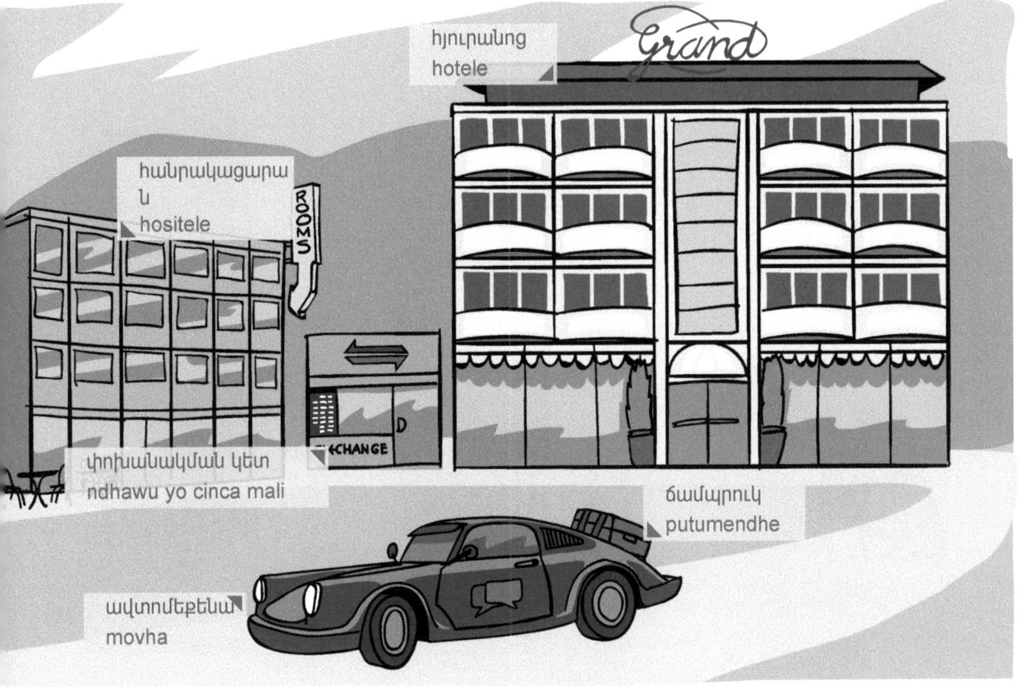

լեզու

ririmi

այո / ոչ

ina / e-e

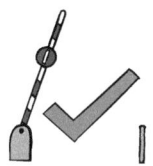

Լավ

Swikahle

ողջույն

ahe

թարգմանիչ

muhundzuluxeri

Շնորհակալություն

Ndza khensa

Որքան է ...?

ivungani...?

Ես չեմ հասկանում

Andzi twisisi

խնդիր

nkinga

Բարի երեկո

Riperile!

Բարի լույս

Maxelo ya kahle!

Բարի երեկո

Vusiku bya kahle!

ցտեսություն

sala kahle

ուղղություն

nkongomiso

ուղղեբեռ

mindzhwalo

պայուսակ

nkwama

մեջքի պայուսակ

nkwama

հյուր

muendzi

սենյակ

kamara

քնապարկ

nkwama wo etlela

վրան

tende

6 ճանապարհորդություն - kufamba

Զբոսաշրջության տեղեկատվական
vuxokoxoko bya vaendzi

լողափ
ribuwa

ԿՐԵԴԻՏ քարտ
khadi ra xikweleti

նախաճաշ
xifihlulo

լանչ
swakudya swa ninhlekani

ճաշ
swakudya swa nimadyambu

տոմս
thikithi

վերելակ
kheshe

կնիք
xitempe

սահման
ndzilakana

մաքսային
mikhuva

դեսպանություն
hovisi ya vuyimeri ya tiko

մուտքի արտոնագիր
visa

անձնագիր
pasi ro endza

Փոխադրամիջոցներ
swilo swo famba

ինքնաթիռ
xihaha-mpfuka
նավ
xikepe
հրշեջ մեքենա
lori ya ku tima ndzilo
բեռնատար մեքենա
lori
ավտոբուս
bazi
մոտորանավակ
xikepe
հեծանիվ
xikanyakanya
ավտոմեքենա
movha

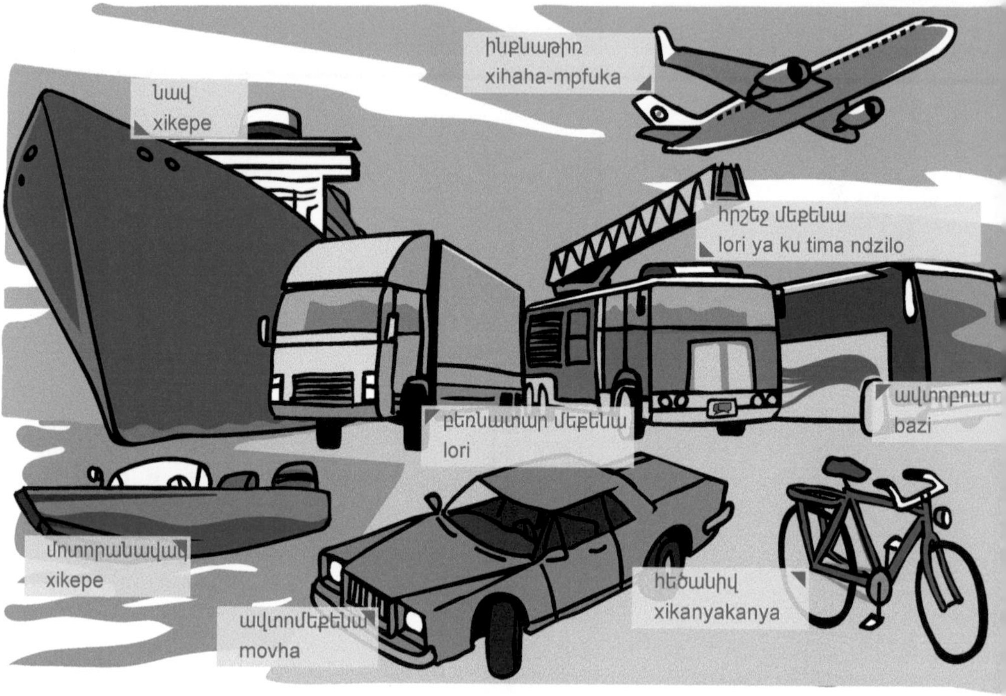

լաստանավ
xikepe

նավակ
xikepe

մոտոցիկլ
xithuthuthu

ոստիկանության մեքենա
movha wa maphorisa

մրցարշավային մեքենա
movha wa mphikizano

վարձակալվող մեքենա
movha yo lombiwa

մեքենայի վարձակալում

ku avelana hi movha

Էվակուատոր

lori yo koka timovha

աղբահանության մեքենա

lori yo rhwala chaka

շարժիչ

njhini

վառելիք

mafurha

բենզալցակայան

ndhawu yo xavisa petirolo

երթևեկության նշան

mpfungo wa le patwini

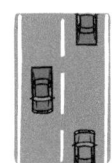

երթևեկություն

mafambelo ya mimovha

խցանում

ntlimbano wa timovha

ավտոկանգառ

phaki ya timovha

երկաթուղային կայարան

xitichi xa xitimela

երկաթուղագիծ

mintila

գնացք

xitimela

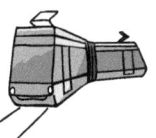

տրամվայ

banzi leri fambaka
exiporweni

վագոն

kalichi

ուղղաթիռ

xihaha-mpfuka-phatsa

օդանավակայան

rivala ra siwhaha-mpfuka

աշտարակ

xihondzo

ուղևոր

mukhandziyi

աման

bokisi

խավաքարտ

bokisi

սայլ

kalichi

զամբյուղ

xirhundzi

հանեք / հողատարածք

suka / tshama

քաղաք

doroba

գյուղ

muti

քաղաքի կենտրոնում

nkava wa doroba

տուն

yindlu

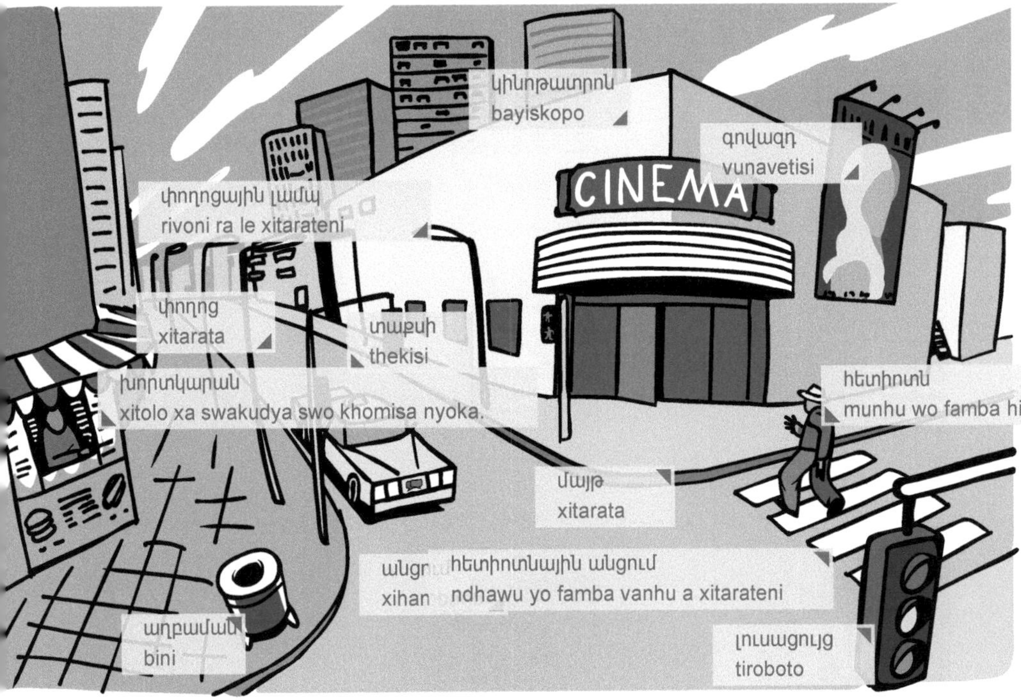

կինոթատրոն
bayiskopo

գովազդ
vunavetisi

փողոցային լամպ
rivoni ra le xitarateni

փողոց
xitarata

տաքսի
thekisi

խորտկարան
xitolo xa swakudya swo khomisa nyoka.

հետիոտն
munhu wo famba hi

մայթ
xitarata

անցո հետիոտնային անցում
xihan ndhawu yo famba vanhu a xitarateni

արբանակ
bini

լուսացույց
tiroboto

խրճիթ
....
xiyindlwana xa byanyi

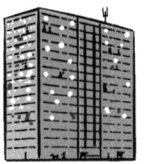

բնակարան
....
yindlu

երկաթուղային կայարան
....
xitichi xa xitimela

քաղաքապետարան
....
holo ya vanhu

թանգարան
....
muziyamu

դպրոց
....
xikolo

համալսարան
univhesiti

բանկ
bangi

հիվանդանոց
xibedlhele

հյուրանոց
hotele

դեղատուն
xitolo xa miri

գրասենյակ
hofisi

գրքույկ խանութ
xitolo xa tibuku

խանութ
xitolo

ծաղկի խանութ
xitolo xa swiluva

սուպերմարկետ
xitolo le xikulu swinene

շուկա
makete

հանրախանութ
xitolo le xikulu

ձկան խանութ
xitolo xa tinhlampfi.

առևտրի կենտրոն
ndhawu ya switolo

նավահանգիստ
hlaluko

զբոսայգի
phaka

բանկերը
bence

կամուրջ
buloho

աստիճաններ
switepisi

մետրո
ehansi ka misava

թունել
muhocho

ավտոբուսի կանգառ
xitichi xa tibanzi

բար
barha

ռեստորան
rhesiturente

փոստարկղ
bokisi ra poso

փողոցային նշան
mfungho wa xitarata

ավտոկայանման հաշվիչ
muchini wa mali ya ku
phaka

կենդանաբանական այգի
ntanga wa swiharhi

լողավազան
damu ro xambela

մզկիթ
mosque

ֆերմա
purasi

աղտոտման
nthyakiso

գերեզմանոց
masirha

եկեղեցի
kereke

խաղահրապարակ
rivala ra mintlangu

տաճար
tempele

բնապատկեր
ndhawu

փեղկ
tluka

ուղղության նշան
mfungho wa gondzo

ճանապարհ
ndlela

մարգագետին
byanyi byo tala

քար
ribye

արշավականներ
munhu wo khandziya tintshava

ծառ
murhi

գետ
nambu

խոտ
byanyi

ծաղիկ
xiluva

հովիտ

nkova

բլուր

xitsunga

լիճ

tiva

անտառ

khwati

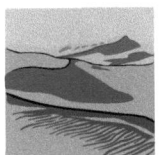

անապատ

mananga

հրաբուխ

volkheno

ամրոց

ntsinda

ծիածան

nkwangulatilo

սունկ

swikowa

արմավենու ծառ

murhi wa nchindzu

մժեղ

nsuna

թռչել

haha

մրջյուն

vusokoti

մեղու

nyoxi

սարդ

puma

 բզեզ
xifufunhunu

գորտ
chele

սկյուռ
maxindyana

ոզնի
nhloni

նապաստակ
mfundla

բու
xikhova

թռչուն
xinyenyane

կարապ
sekwa

վարազ
ngluve ya nhova

եղջերու
mhunti

իշայծյամ
mhofu

պատնեշ
damu

քամին տուրբինների
xipelupelu xa moya

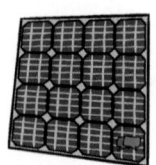

արեւային վահանակ
bodo leyi tswongaka kuhisa
ka dyambu

կլիմա
maxelo

ռեստորան
rhesiturente

մատուցող
muphameri
մենյու
nxaxamelo wa swakudya
աթոռ
xitulu
ապուր
sopo
պիցցա
pizza
swibya
սփռոց
lapi ra tafula

ստարտեր

swakudya swa ku naveta

հիմնական կերակուր

swakudya

դեսերտ

swo rhelerisa

օրական

swakunwa

սնունդ

swakudya

շիշ

bodlhela

արագ սնունդ
swakudya swa xihatla

streetfood
swakudya swa le ndleleni

թեյնիկ
mbita ya tiya

շաքարաման
xibye xa chukela

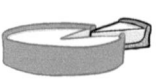

բաժին
xiphemu

էսպրեսսո մեքենա
muchini wa espresso

մանկական աթոռ
xitulu xa le henhla

օրինագիծ
swikweleti

սկուտեղ
thireyi

դանակ
mukwana

պատառաքաղ
foroko

գդալ
lepula

թեյի գդալ
xilepulana

անձեռոցիկ
phepha ro sula nomu

ապակի
nghilazi

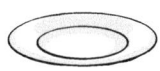

ափսե

pleti

խոր ափսե

pleti ya sopo

պնակ

sosara

սոուս

murhu

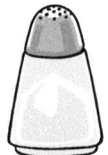

աղաման

xilo xo chele munyu

պղպեղի աղաց

xilo xo gaya

քացախ

vhiniga

ձեթ

mafurha

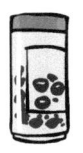

համեմունքներ

swinyunyeteri

կետչուպ

ketchup

մանանեխ

mustard

մայոնեզ

mayonasi

սուպերմարկետ

xitolo le xikulu swinene

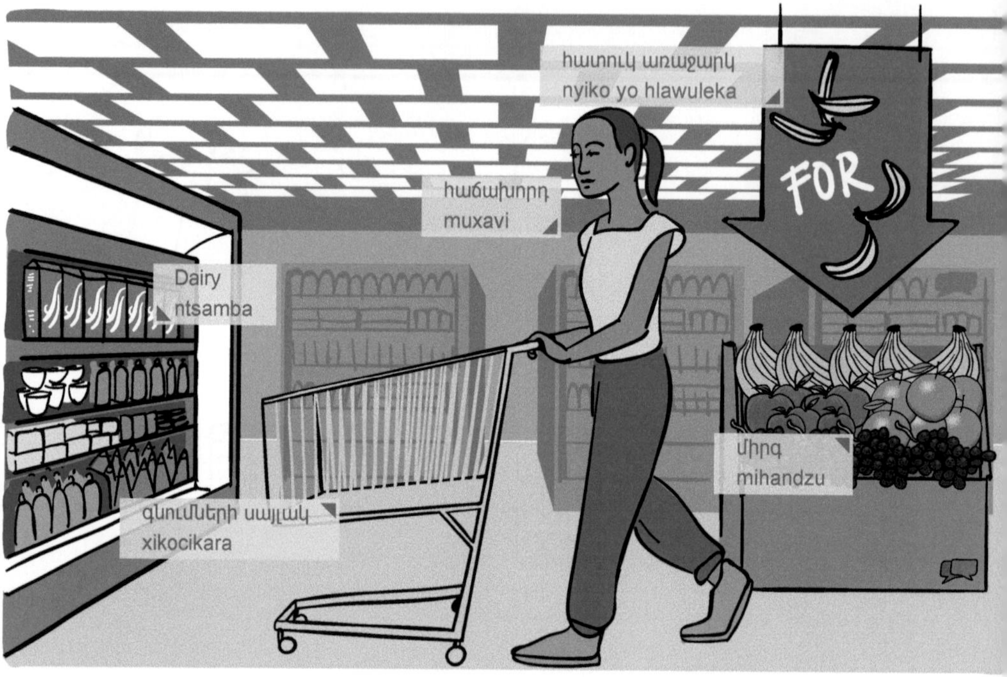

հատուկ առաջարկ
nyiko yo hlawuleka
FOR
հաճախորդ
muxavi
Dairy
ntsamba
միրգ
mihandzu
գնումների սայլակ
xikocikara

BUTCHERS

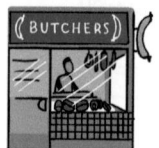

մսամթերքի խանութ

buchara

BAKERY

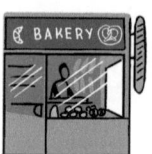

հացամթերքի խանութ

bekari

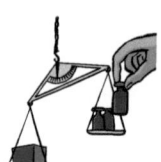

կշռել

ringanyeta

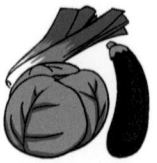

բանջարեղեն

swimila

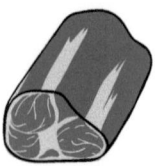

միս

nyama

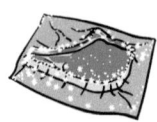

սառեցված սննդամթերքի

swakudya swo titimela

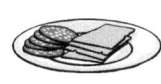

երշիկեղեն

nyama

պահածոների

swakudya leswi nga thinini

լվացքի փոշի

mapa yo hlanswa

քաղցրավենիք

malekere

տնտեսական ապրանքներ

switirhisiwa swa le ndlwini

մաքրող միջոցներ

swilo swo basisa

վաճառող

munhu wo xavisa

դրամարկղ

thili

գանձապահ

muamukeli wa timali

գնումների ցուցակ

xaxamelo wa swo xaviwa

ժամերը

nkarhi wa ku tirha

դրամապանակ

nkwama wa mali

ԿՐԵԴԻՏ քարտ

khadi ra xikweleti

պայուսակ

nkwama

պլաստիկ տոպրակ

nkwama wa pulasitiki

օրական

swakunwa

ջուր

mati

հյութ

ntsutsu

կաթ

meleke

կոլա

coke

գինի

vhinyo

գարեջուր

byalwa

սպիրտ

byala

կակաո

cocoa

թեյ

tiya

սուրճ

kofi

էսպրեսսո

espresso

կապուչինո

cappuccino

բանան

banana

խնձոր

apula

նարնջի

lamula

սեխ

kalabatla

կիտրոն

swiri

գազար

kherotsi

սխտոր

swinyalana

բամբուկ

musengele

սոխ

nyala

սունկ

swikowa

ընկուզեղեն

timanga

արիշտա

makaroni ya nyama

սպագետտի
spaghetti

բրինձ
rhayisi

աղցան
saladi

չիպս
machipisi

տապակած կարտոֆիլ
nhlata wo katingiwa

պիցցա
pizza

համբուրգեր
hamburger

սենդվիչ
xinkwa

կոտլետ
cutlet

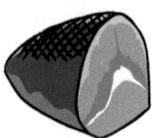

խոզապուխտ
ham

սալյամի
salami

երշիկ
soseji

հավ
huku

խորոված
katinga

ձուկ
hlampfi

վարսակի փաթիլներ
....
oats

մյուսլի
....
muesli

եգիպտացորենի փաթիլներ
....
rivele-ndzoho

ալյուր
....
filawa

կրուասան
....
bantsi

բուլկի
....
xinkwa

հաց
....
xinkwa

տոստ
....
xinkwa xo oxiwa

թխվածքաբլիթներ
....
makokisi

կարագ
....
botere

կաթնաշոռ
....
ribomba ra tswamba

տորթ
....
khekhe

ձու
....
tandza

տապակած ձու
....
matandza lama katingiweke

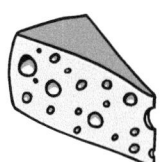

պանիր
....
chizi

պաղպաղակ

ayisi khrimi

շաքար

chukela

մեղր

vulombe

ջեմ

jamu

նուգա սերուցք

botere ya chokoleti

կարրի

curry

ֆերմա
purasi

ֆերմային տնակ
yindlu ya purasi
գոմ
xihlati
ծղոտի դեզ
muako wa byanyi
դաշտ
nsimu
ձի
hanci
կցասայլ
kharavhani
քուռակ
rhole
տրակտոր
terekere
ավանակ
mbhongolo
ոչխար
nyimpfu
գառ
ximbutana

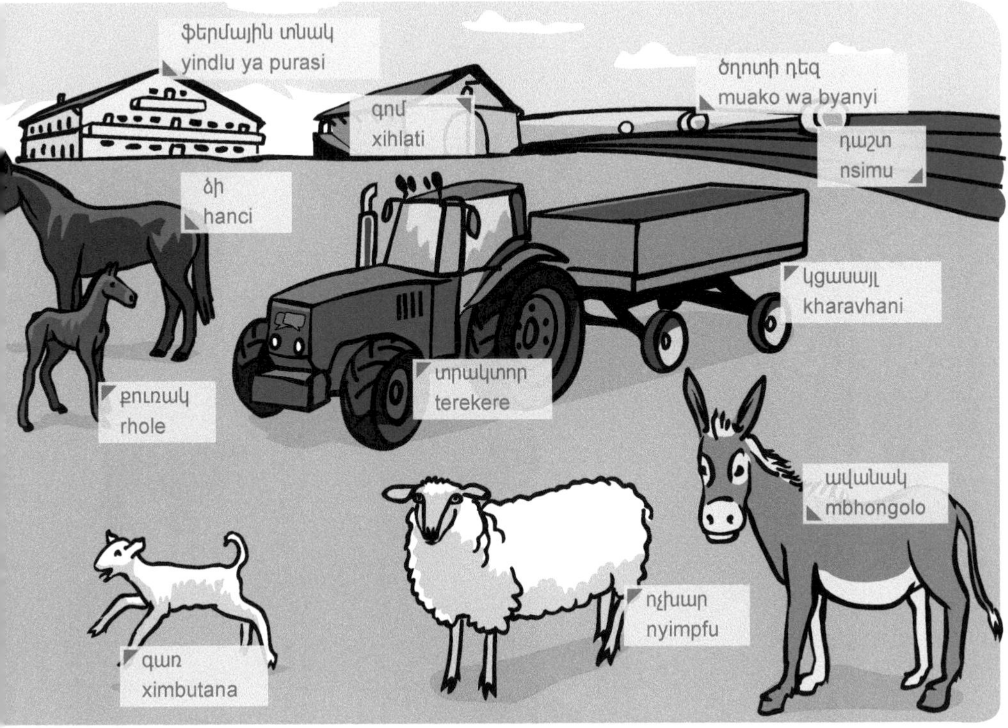

այծ

mhunti

կով

homu

հորթ

rhole

խոզ

nguluve

խոճկոր

xingulubyana

ցուլ

nkuzi

սագ

sekwa

բադ

sweka

ճուտ

xikukwana

հավ

mbhaha

աքլոր

nkuku

առնետ

kondlo

կատու

ximanga

մուկ

kondlo

ցուլ

homu

շուն

mbyana

շան բուն

yindlu ya mbyana

այգու փողրակ

payipi ya mati

watering կարող է

xilo xo chelela mati

գերանդի

nsimbi yo tsema

գութան

xikomu

մանգաղ

sikele

թոխր

xikomu

եղան

foroko le yikulu

կացին

xihloka

միանիվ ձեռնասայլակ

bara

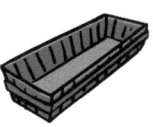

կերակրատաշտ

xitsengele

կաթի բիդոն

xilo xo chela ntswamba

պարկ

saka

ցանկապատ

rirhangu

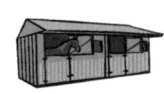

կայուն

xivala

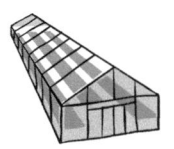

ջերմոց

yindlu ya vuhlayiselo bya swimilana

հող

misava

սերմ

mbewu

պարարտանյութ

swinonisi

բերքահավաք կոմբայն

muchini wa ku tshovela

բերք

tshovela

բերք

ntshovelo

յամս

mintsumbula

ցորեն

koroni

սոյա

tinyawa

կարտոֆիլ

nhlata

եգիպտացորեն

koroni

rapeseed

rapeseed

մրգային ծառ

nsinya wa mihandzu

manioc

ntsumbula

շիլաներ

swakudya swa tidzoho

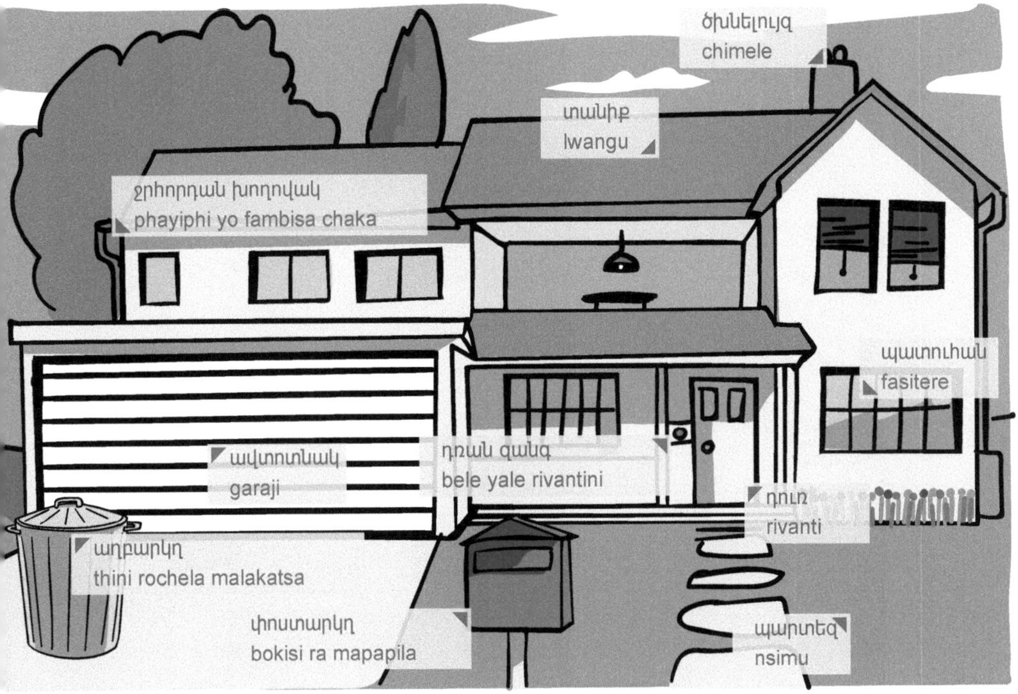

ծխնելույզ
chimele
տանիք
lwangu
ջրհորդան խողովակ
phayiphi yo fambisa chaka
պատուհան
fasitere
ավտոտնակ
garaji
դռան զանգ
bele yale rivantini
դուռ
rivanti
աղբարկղ
thini rochela malakatsa
փոստարկղ
bokisi ra mapapila
պարտեզ
nsimu

հյուրասենյակ

kamara ro tshama

լողասենյակ

kamara yo hlambela

խոհանոց

khishini

ննջարան

kamera ro etlela

մանկական սենյակ

kamana ya vana

ճաշասենյակ

ndhawu yo dyela

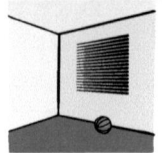

հարկ
ehansi

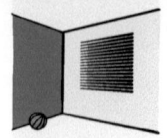

պատ
khumbi

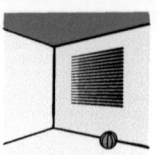

առաստաղ
silingi

նկուղ
kamera ra le hansi

շոգեբաղնիք
phungula

պատշգամբ
rikupakupa

պատշգամբ
tshala

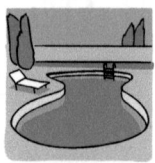

ավազան
damu

խոտհնձիչ
muchini wo tsema byanyi

թերթ
nkumba

անկողնու ծածկոց
swo andlalela mubedo

մահճակալ
mubedo

ավել
nkukulu

դույլ
bakiti

անջատիչ
swichi

kamara ro tshama

պաստառ
phepha ra le khumbini
նկար
xifaniso
լամպ
rivoni
դարակ
xelufu
բուֆետ
khabodo
հեռուստացույց
thelevhixini
բուխարի
xitiko
ծաղիկ
xiluva
բարձ
xikhengele
բազմոց
sofa
սկահակ
mbita
հեռակառավարման
վահանակ
xilawula-kule

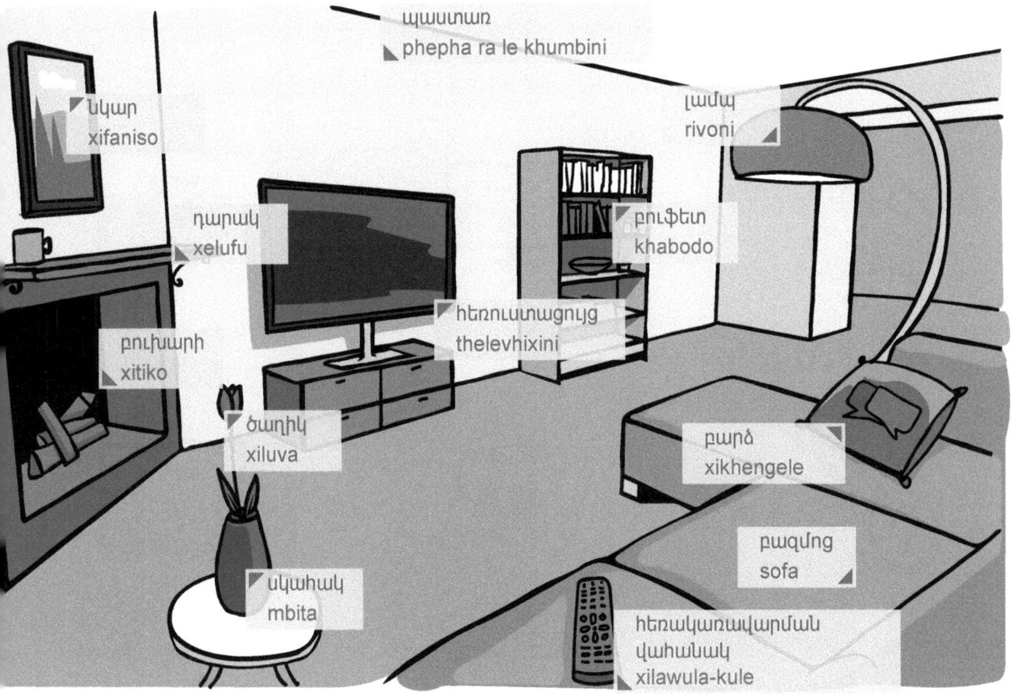

գորգ

khapete

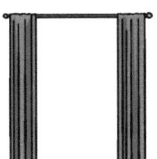

վարագույր

khethenisi

սեղան

tafula

աթոռ

xitulu

ճոճվող բազկաթոռ

xitulu xo mbuwetela

բազկաթոռ

xitulu xo tlhandleka mavoko

գիրք
....
buku

վերմակ
....
nkumba

զարդարանք
....
nkhaviso

վառելափայտ
....
tihunyi

ֆիլմ
....
filimi

hi-fi
....
muchini wa hi-fi

բանալի
....
xinotlelo

թերթ
....
phepha-hungu

նկար
....
xifaniso lexi vatliweke

պլակատ
....
bodo ya xifaniso

ռադիո
....
xiya-ni-moya

տետր
....
buku yo tsala tinhla

փոշեկուլ
....
hoover

կակտուս
....
xiluva xa cactus

մոմ
....
khandlela

խոհանոց
khishini

սառնարանի
xigwitsirisi
միկրոալիքային վառարան
ovhene ya microwave
խոհանոցի կշեռք
xikalo xa le khichini
տոստեր
muchini wo oxa xinkwa
լվացող հեղուկ
xisibi
վառարան
ovhene
սառնարան
xigwitsirisi
աղբարկղ
thini rochela malakatsa
աման լվացող սարք
muchini wa ku hlantswa swibyi

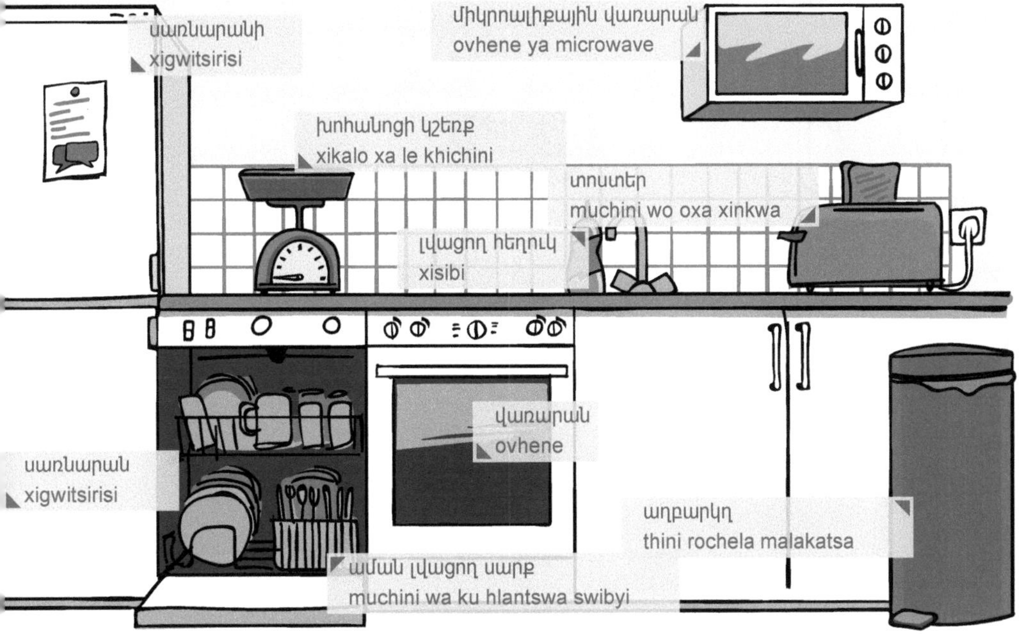

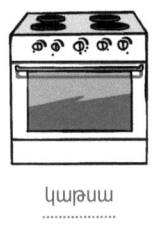

կաթսա

mosweki

կճուճ

poto

թուջե աման

poto ra nsimbi

wok / kadai

mbita yo swekela / kadai

թավա

pani

թեյնիկ

ketlele

խոհանոց - khishini 35

շոգենավ
xo sweka hi nkahelo

ջեռոցի սկուտեղ
thireyi ya ku baka

ամանեղեն
swibya

բաժակ
xikomichana

խորը աման
ximbitana

փայտիկներ
ti-chopstick

շերեփ
xipunu

խոհանոցային բահիկ
spatula

հարել
muchini wo hlanganisa

քամիչ
sefo

մաղ
xisefo

քերիչ
xilo xo tsemelela

հավանգ
xibye

խորոված
nyama yo oshiwa

բաց կրակի
ndzilo

տախտակ

bodo ya ku tsemelela

գրտնակ

mhandzi yo andlala fulawa

խցանահան

xo pfula mabodlhela

բանկա

thini

բացիչ

xo pfula mathini

խոհանոցային բռնիչ

xo khoma poto

լվացարան

zinki

խոզանակ

buracha

սպունգ

xiponci

բլենդեր

xilo lexi hlanganiselaka

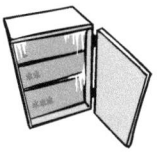

սառնարան

xigwitsirisi

մանկական շիշ

bodlhela ra n'wana

թակել

pompi

լողասենյակ

kamara yo hlambela

ջեռուցում
kukufumeta
սրբիչ
thawula
ցնցուղ
shawara
լոգարանի վարագույր
khethenisi ra shawara
փրփուրով վաննա
xisibi xo hlambela a bavhini
լոգարան
bavhu
ապակի
nghilazi
լվացքի մեքենա
muchini wa ku hlantswa
սալիկներ
tithayilisi
թակել
pompi
մանր
xihambukelo
լվացարան
zinki

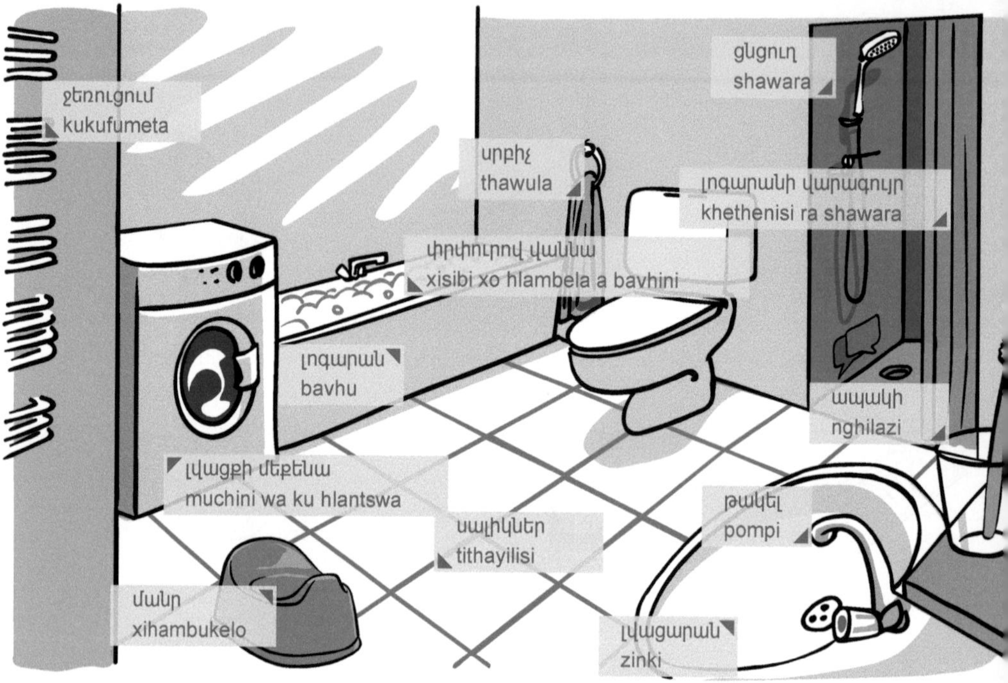

զուգարան
xihambukelo

կզելը զուգարան
xihambukelo

բիդե
bidet

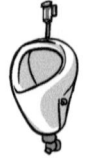

pissoir
ndhawu yo tsakamisela

զուգարանի թուղթ
papila ra xihambukelo

զուգարանի խոզանակ
burachi bya xihambukelo

ատամի խոզանակ

burachi bya meno

ատամի քսուք

xisibi xa meno

ատամի թել

xo basisa exikarhi ka meno

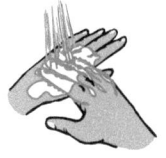

լվանալ

hlamba

ձեռքի ցնցուղ

xawara yo khomiwa hivoko

ցնցուղ

douche

ավազան

xihlambelo

մեջքի խոզանակ

buracha ra nhlana

օճառ

xisibi

լոգանքի գել

xisibi xa xawara

շամպուն

shampoo

ճիլոպ

swilapana

հատականցք

xinambyana

կրեմ

rivomba

դեզոդորանտ

xinhuherisi

հայելի

xivoni

ձեռքի հայելի

xivoni xo khomiwa hivoko

սափրիչ

rikarhi

Սափրվելու փրփուր

xisibi so susa malevu

սափրվելուց հետո քսվող
¨լոսյոն¨

mafurha ya kutola loku u
heta ku tsemeta malevu

սանր

kama

խոզանակ

buracha

մազերի չորացուցիչ

muchini wo omisa mosisi

մազի լաք

mafurha yo tola mosisi

դիմահարդարում

xo tisasekisa

շրթնաներկ

xotota nomo

եղունգների լաք

xo tota minwala

բամբակ

kotoni

եղունգների մկրատ

xo tsema minwala

օծանելիք

xinhuherisi

դիմահարդարման պայուսակ
nkwama wa le xihambukelweni

աթոռակ
nchuluko

կշեռք
xikalo

լողանալու խալաթ
nguvu yo hlamba

ռետինե ձեռնոցներ
tiglovhu ta raba

տամպոն
tampon

սանիտարական սրբիչ
thawula ra ku basisa

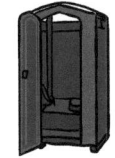

քիմիական զուգարան
xihambukelo xa le handle

մանկական սենյակ

kamana ya vana

փափուկ խաղալիք
xo tlanga sa ku etlela
խաղալիք մեքենա
movha ya ku tlangisa
բլբլալ
xokocokoco
տիկնիկների տնակ
yindlu ya swipopana
ներկա
nyiko

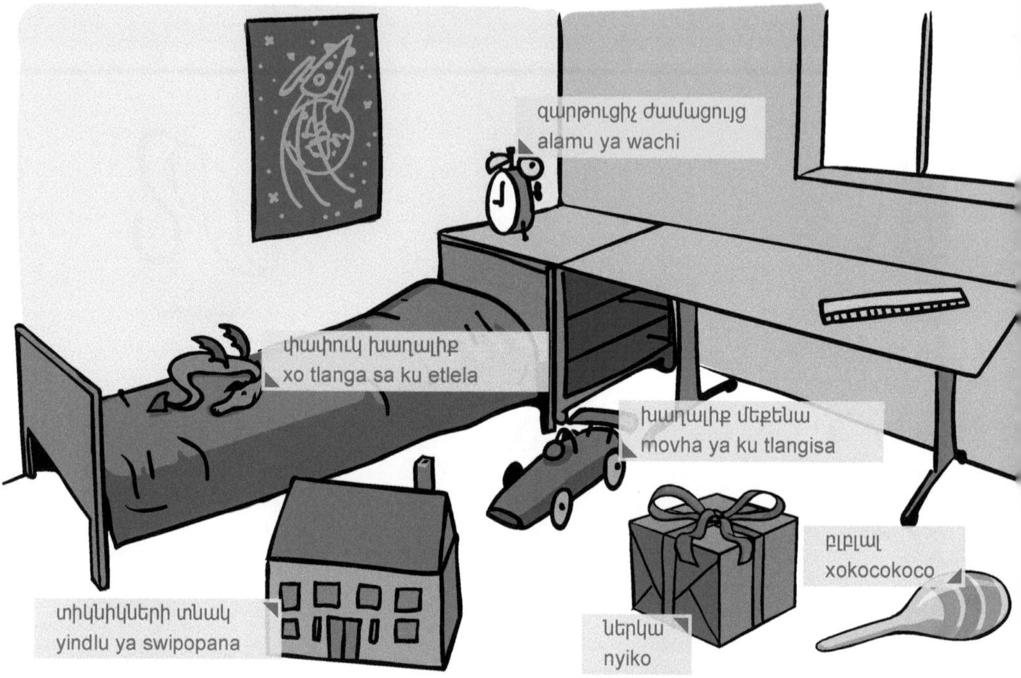

փուչիկ

baluni

մահճակալ

mubedo

մանկական սայլակ

pureme

խաղաթղթեր

makhadi

խճապատկեր

jigsaw

կոմիքս

khomiki

Լեգո կուբիկներ

switina swa lego

կառուցողական խաղալիքներ

swiaki

ակցիան գործիչ

xo tlanga xa vana

մանկական բոդի

swiambalo swa nwana

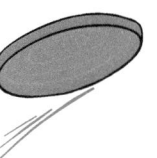

Frisbee

Frisbee

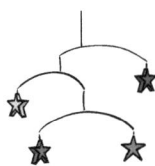

շարժական

mobile

խաղատախտակ

ntlango wa le bodweni

զառախաղ

dayisi

գնացքների կազմ

xitimela xo tlanga

ծծակ

xo tlangisa vana

կուսակցություն

nkhuvo

մանկական պատկերազարդ գիրք

buku ya swifaniso

գնդակ

bolo

տիկնիկ

xipopana

խաղալ

tlanga

ավազե խաղահրապարակի

khele ra sava

ռիթմ

muchinginya

Խաղալիքներ

swilo swo tlangisa

վիդեո խաղ մխիթարել

mintlango ya vhidiyo

եռանիվ հեծանիվ

xithuthuthu xa mivhilwa manharhu

խաղալիք արջուկ

tibere to tlangisa

պահարան

wadirobo

հագուստ

swiambalo

կիսագուլպա

masokisi

գուլպա

masokisi

զուգագուլպա

buruku byo tlimba

շարֆ
xikhafu

հովանոց
ambulele

զապիկ
xikipa

գոտի
bandhi

կոշիկ
tintangu

հողաթափեր
maphashana

սպորտային կոշիկներ
tintangu to tsutsuma

սանդալներ
....
maphashana

կոշիկ
....
tintangu

ռետինե կոշիկներ
....
majombo ya raba

վարտիք
....
maburuko ya le ndzeni

կրծկալ
....
bodi

մայկա
....
xikipa xa le ndzeni

մարմին
miri

անդրավարտիք
maburuko

ջինս
bokati

կիսաշրջազգեստ
xiketi

բլուզ
bulawusi

վերնաշապիկ
hembe

պուլովեր
jesi

սպորտային կուրտկա
jazi ro fingeneta nhloko

պիջակ
buleyizara

կուրտկա
baji

վերարկու
nghuvo

անձրևանոց
jazi rampfula

կանացի կոստյում
swiambalo

զգեստ
swiambalo

հարսանյաց զգեստ
rhoko ya mucato

տղամարդու կոստյում

sudu

գիշերանոց

xiambalo xo etlela

պիժամա

swi ambalo swo etlela

Սարի

sari

գլխաշորն

xikhafu

չալմա

duku

չադրա

burqa

արևելյան խալաթ

swi ambalo

հաստ վերարկու

abaya

կանացի լողազգեստ

swiambalo swo hlambela

տղամարդու լողազգեստ

maburuko ya le ndzeni

շորտ

buruku ro koma

սպորտային համազգեստ

tracksuit

գոգնոց

fasikoti

ձեռնոցներ

maglilavhu

կոճակ

kunupu

ակնոց

manghilazi ya mahlo

ապարանջան

sindza

վզնոց

vuhlalu

մատանի

xingwaxila

ականջօղ

vo sasekisa tindleve

գլխարկ

kepisi

կախիչ

hangara ya nghuvo

գլխարկ

xigqoko

փողկապ

thayi

շղթա

zipi

սաղավարտ

xihuku

տաբատակալ

minxongotelo

դպրոցական համազգեստ

swiambalo swa xikolo

համազգեստ

yunifomo

մանկական գոգնոց

bibi

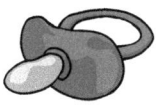

ծծակ

xo tlangisa vana

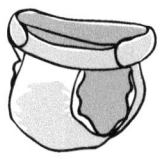

մանկական տակդիր

leyiri

գրասենյակ
hofisi

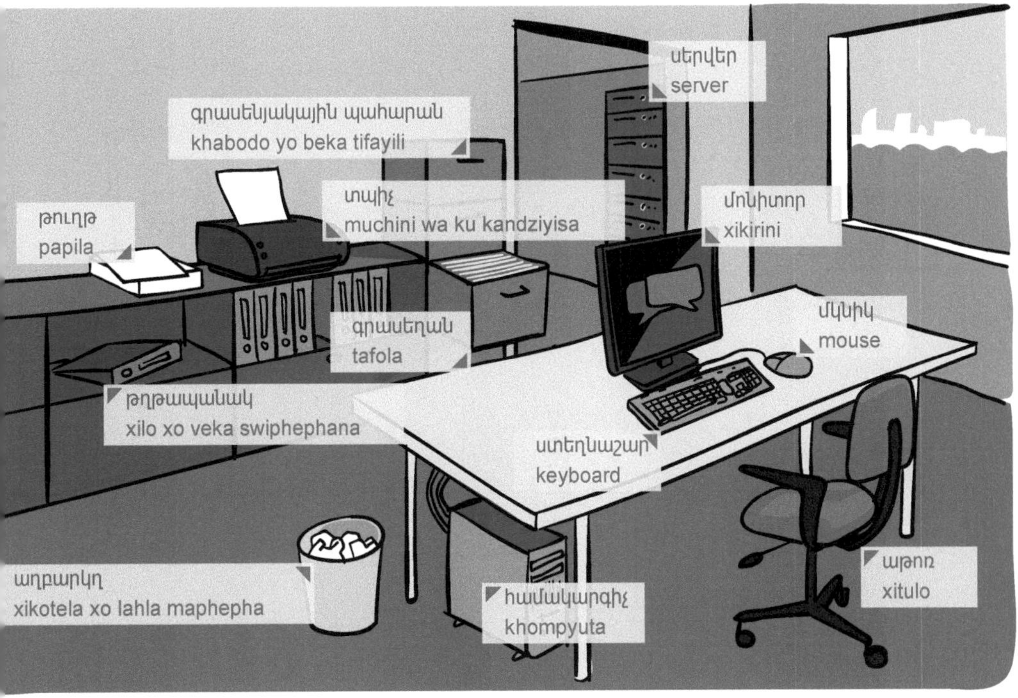

սերվեր
server

գրասենյակային պահարան
khabodo yo beka tifayili

տպիչ
muchini wa ku kandziyisa

մոնիտոր
xikirini

թուղթ
papila

գրասեղան
tafola

մկնիկ
mouse

թղթապանակ
xilo xo veka swiphephana

ստեղնաշար
keyboard

աղբարկղ
xikotela xo lahla maphepha

համակարգիչ
khompyuta

աթոռ
xitulo

սուրճի գավաթ

bikiri ra kofi

հաշվիչ

muchini wo hlaya

ինտերնետ

internet

laptop

laptop

նամակ

papila

հաղորդագրություն

rungula

բջջային հեռախոս

foni

ցանց

network

պատճենահանման սարք

muchini wo endla tikopi

ծրագրային ապահովում

progreme ya khompyuta

հեռախոս

riqingho

վարդակ

pulagi ya gezi

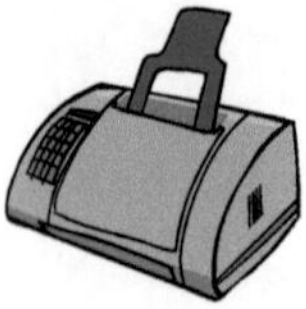

ֆաքսի մեքենա

muchini wo rhumela rungula

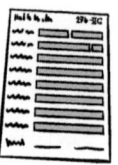

տեսակ

fomo

փաստաթուղթ

papila

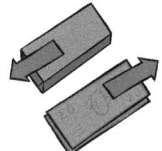

գնել
....
xava

վճարել
....
hakela

առևտրի
....
xavisa

փող
....
mali

դոլար
....
dolara

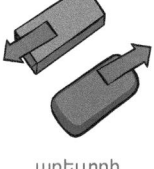

եվրո
....
euro

իեն
....
yen

ռուբլի
....
rouble

շվեյցարական ֆրանկ
....
Swiss franc

յուան
....
renminb yuan

ռուփի
....
rupee

բանկոմատ
....
muchini wa mali

փոխանակման կետ

ndhawu yo cinca mali

ոսկի

nsuku

արծաթ

silivhere

նավթ

mafurha

էներգիա

matimba

գին

hakelo

պայմանագիր

ntwanano

հարկ

xibalo

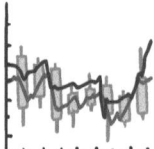

ակցիաներ

nundzu ya timali

աշխատանք

tirha

ծառայող

mutirhi

գործատուն

mothorhi

գործարան

fektri

խանութ

xitolo

մասնագիտություն
mintirho

հրշեջ
mutimi wa ndzilo
ոստիկան
phorisa
խոհարար
musweki
բժիշկ
dokodela
օդաչու
muhahisi

այգեպան

muhlayi wa ntanga

ատաղձագործ

muvatli

դերձակուհի

murungi

դատավոր

muavanyisi

քիմիկոս

xitshunguri

դերասան

mutlangi

ավտոբուսի վարորդ

muchaeri wa tibazi

տաքսու վարորդ

muchayeri wa thekisi

ձկնորս

muphasi wa tinhlampfi

հավաքարար

wansati wa ku basisa

տանիքագործ

mufuleri

մատուցող

muphameri

որսորդ

muhloti

նկարիչ

mupendi

հացթուխ

mubaki

էլեկտրատեխնիկ

mutivi wagezi

շինարար

muaki

ինժեներ

munjiniyara

մսագործ

muxavisi wa nyama

ջրմուղագործ

muplambara

փոստարար

muheleketi wa poso

զինվոր
socha

ճարտարապետ
mumpfampfarhuti

գանձապահ
muamukeli wa timali

ծաղկավաճառ
muxavisi wa swiluva

վարսավիր
mululamisi wa misisi

տոմսավաճառ
mufambisi

մեխանիկ
unhu wo lungisa timovha

կապիտան
mulawuri

ատամնաբույժ
dokotela wa matinho

գիտնական
mutivi wa sayensi

ռաբբի
mufundisi

Իմամ
murhangeri

կուսակրոն
nghwendza

հոգևորական
mfundisi

գործիքներ
switirhisiwa

տափակաբերան
աքցան
tangi
մուրճ
hamele
պտուտակահան
xikurudurayivha
դարձակ
xipanere
լապտեր
thochi

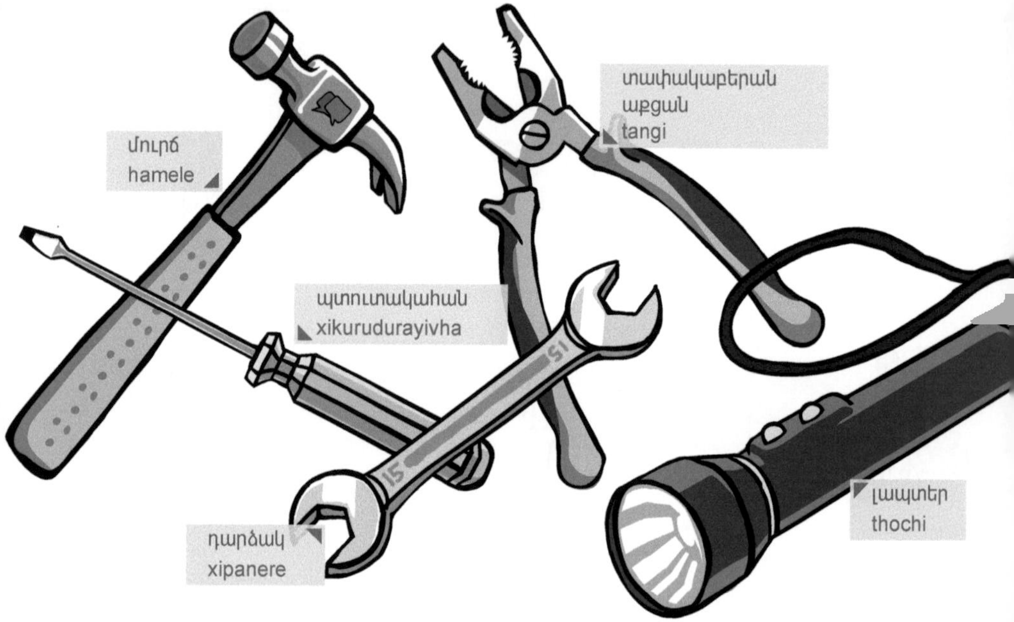

էքսկավատոր

muchini wo cela

գործիքների տուփ

bokisi ra switirhisiwa

սանդուղք

xitepisi

սղոց

saha

մեխեր

swipikiri

գայլիկոն

muchini wo boxa

նորոգում

lunghisa

բահ

foxolo

գրողը տանի

Thyaka!

գոգաթիակ

chumu wo susa ritshuri

ներկաման

mbita ya pende

պտուտակներ

bawuti

երաժշտական գործիքներ
swichayachayana

բարձրախոս
xikurisa-mpfumawulo
հարվածային գործիքների կազմ
swigubu
կիթառ
katara
կոնտրաբաս
double bass
շեփոր
mhalamhala

դաշնամուր

piyano

ջութակ

violin

բաս

bass

թմբուկներ

timpani

հարվածային գործիքներ

xigubu

ստեղնաշար

keyboard

սաքսոֆոն

saxophone

ֆլեյտա

xitiringo

միկրոֆոն

xikurisa-marito

կենդանաբանական այգի

ntanga wa swiharhi

մուտք
ndhawu ya ku nghena
վագր
yingwe
վանդակ
hoko
mangwa
կենդանիների կերակուր
swakudya swa swiharhi
պանդա
panda

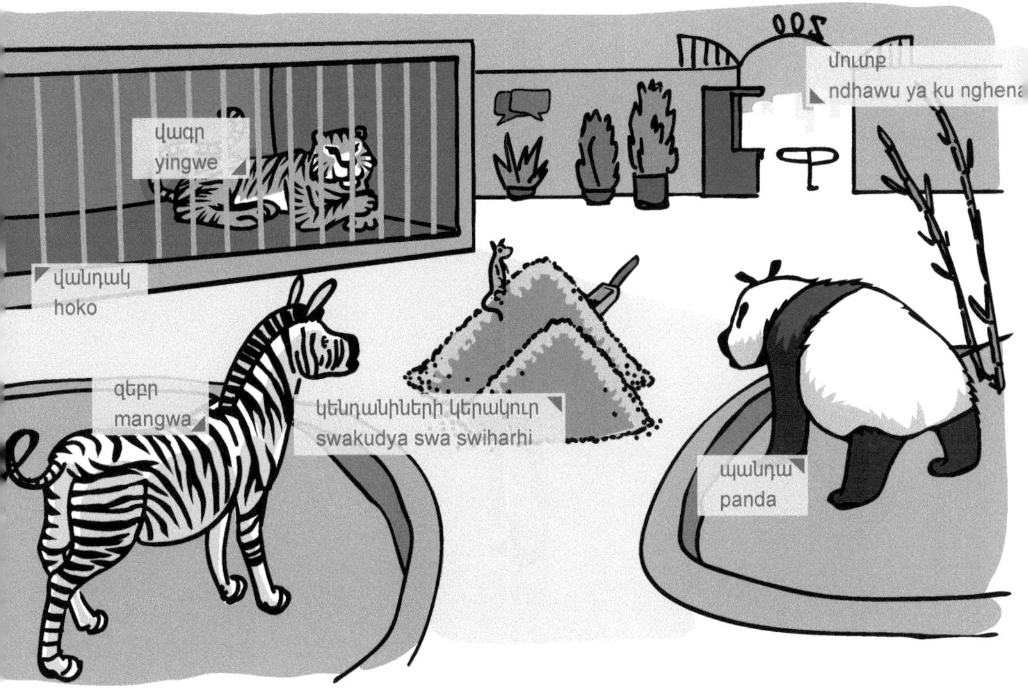

կենդանիներ
swiharhi

փիղ
ndlopfu

կենգուրու
xinjhenghwe

ռնգեղջյուր
mhelembe

գորիլա
gorila

գորշ արջ
bere

ուղտ
kamela

ջայլամ
yintsha

առյուծ
nghala

կապիկ
nkawu

Ֆլամինգո
flamingo

թութակ
hokwe

բևեռային արջ
bere

պինգվին
penguin

շնաձուկ
shaka

սիրամարգ
hanti

օձ
nyoka

կոկորդիլոս
ngwenya

կենդանաբանական այգու աշխատող
muhlayisi wa mintanga ya swiharhi

փոկ
seal

յագուար
jaguar

պոնի
hanci

ընձառյուծ
yingwe

գետաձի
mpfuvu

ընձուղտ
nhutlwa

արծիվ
gama

վարազ
ngluve ya nhova

ձուկ
hlampfi

կրիա
mfutsu

ծովացուլ
nyimpfu ya le lwandle

աղվես
mhungubye

վիթ
mhala

սպորտներ
mintlango

ամերիկյան ֆուտբոլ
bolo ya le Amerika
հեծանվավազք
kufamba hi xi kanyakanya
թենիս
tennis
բասկետբոլ
basketball
լող
kuhlambela
բռնցքամարտ
ntlango wa ku bana
հոկեյ
khororo ya le ayisini

ֆուտբոլ

bolo

բադմինտոն

badminton

աթլետիկա

mintlango

ձեռքի գնդակ

bolo ya mavoko

դահուկային սպորտ

kureta e gambokweni

պոլո

polo

գործունեություն
mintirho

ծիծաղել
hleka
ցատկել
tlula
գրկել
angara
քայլել
famba
երգել
yimbelela
երազել
lora
աղոթել
khongela
համբուրել
ntswontswa

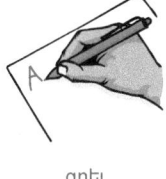

գրել
tsala

նկարել
dirowa

ցույց տալ
komba

հրել
dlidlimeta

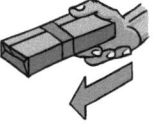

տալ
nyika

վերցնել
teka

ունենալ
yi va

դեպի
endla

լինել
ku va

կանգնել
yima

վազել
tsutsuma

քաշել
koka

նետել
lahlela

ընկնել
wana

ստել
hemba

սպասել
rindza

կրել
rhwala

նստել
tshama

հագնվել
ambala

քնել
tlela

արթնանալ
pfuka

նայել
languta

լացել
rila

շոյել
bana

սանրվել
kama

խոսել
vulavula

հասկանալ
twisisa

հարցնել
vutisa

լսել
yingisa

խմել
nwana

ուտել
dyana

հարդարվել
basisa

սիրել
randza

խոհարար
sweka

քշել
chayela

թռչել
haha

լողալ
tluta

հաշվել
hlaya

կարդալ
hlaya

սովորել
hlaya

աշխատանք
tirha

ամուսնանալ
teka

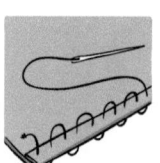

կարել
rhunga

ատամները լվանալ
kuhlamba meno

սպանել
dlaya

ծուխ
dzaha

ուղարկել
rhumela

ընտանիք

ndyanghu

կ
na wa xisati
պապիկ
kokwana wa xinuna
հայր
tatana
մայր
mana
երեխա
nwana
դուստր
n'wana wa nwanyana
որդի
n'wana wa mfana

հյուր

muendzi

հորաքույր

hahani

հորեղբայր

malume

եղբայր

makwerhu

քույր

makwrhu

մարմին

miri

ճակատ
mombo
tihlo
ուս
katla
մատ
ritiho
դեմք
xikandza
կզակ
xilebvu
ձեռք
voko
կուրծք
bele
ոտք
nenge
թև
voko

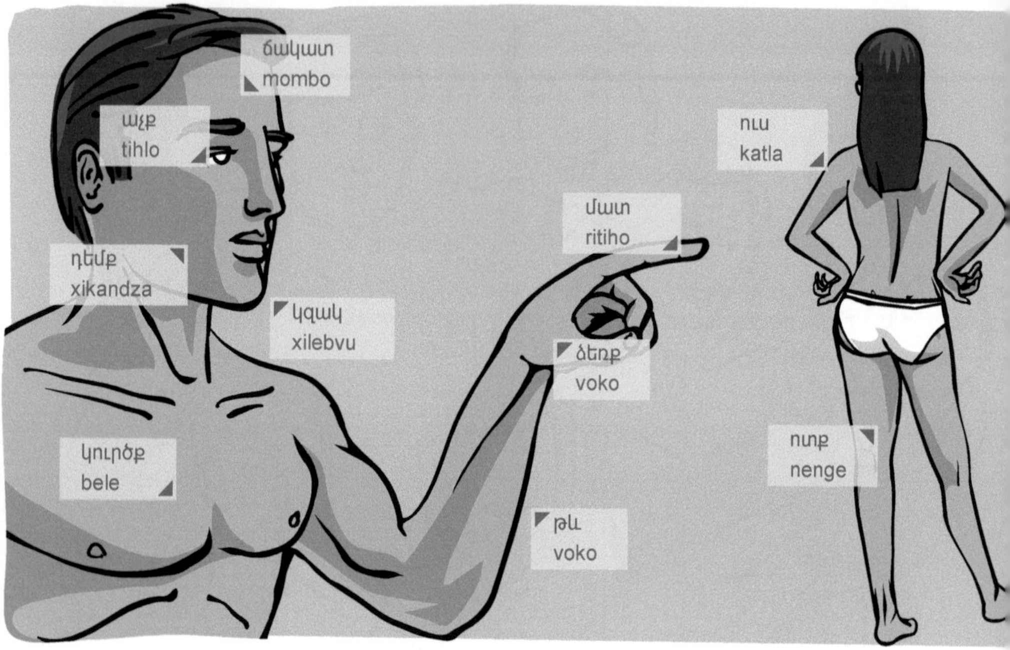

երեխա

nwana

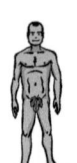

մարդ

n'wanuna

կին

nw'ansati

աղջիկ

nhwanyana

տղա

mfana

գլուխ

nhloko

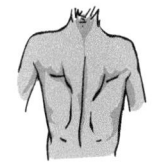

մեջք

nhlana

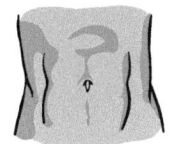

փոր

khwiri

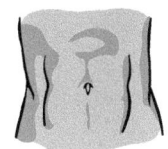

պորտ

nkava

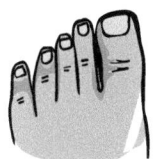

ոտնամատ

xikunwani

կրունկ

xirhenze

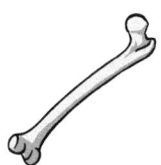

ոսկոր

rhambu

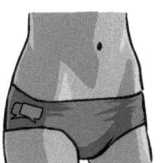

ազդր

nyonga

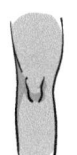

ծունկ

tsolo

արմունկ

xikokola

քիթ

nompfu

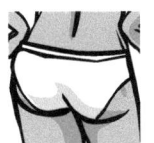

հետույք

xisuti

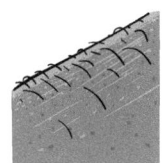

մաշկ

nhlonge

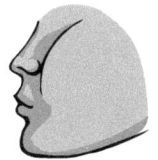

այտ

rhama

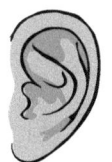

ականջ

ndlebe

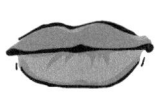

շրթունք

nomu

բերան

nomu

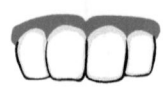

ատամ

tinyo

լեզու

ririmi

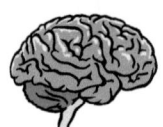

ուղեղ

byongo

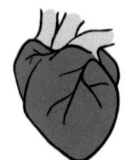

սիրտ

mbilu

մկան

nsiha

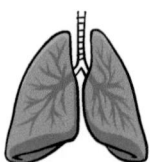

թոք

hahu

լյարդ

vixindzi

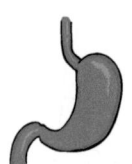

ստամոքս

khwiri

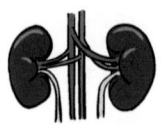

երիկամներ

tinso

սեքս

masangu

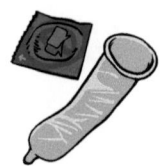

պահպանակներ

khondomu

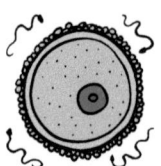

ձվաբջիջը

tandza

Սեմյոն

mbewu ya vununa

հղիություն

nyimba

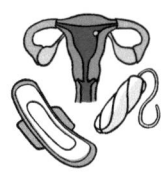

դաշտան

kuya enkarhini

հեշտոց

muhocho

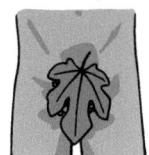

առնանդամ

xiluma

հոնք

tinxiyi

մազ

misisi

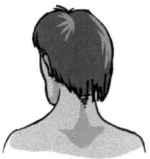

պարանոց

nhamu

հիվանդանոց
xibedlhele

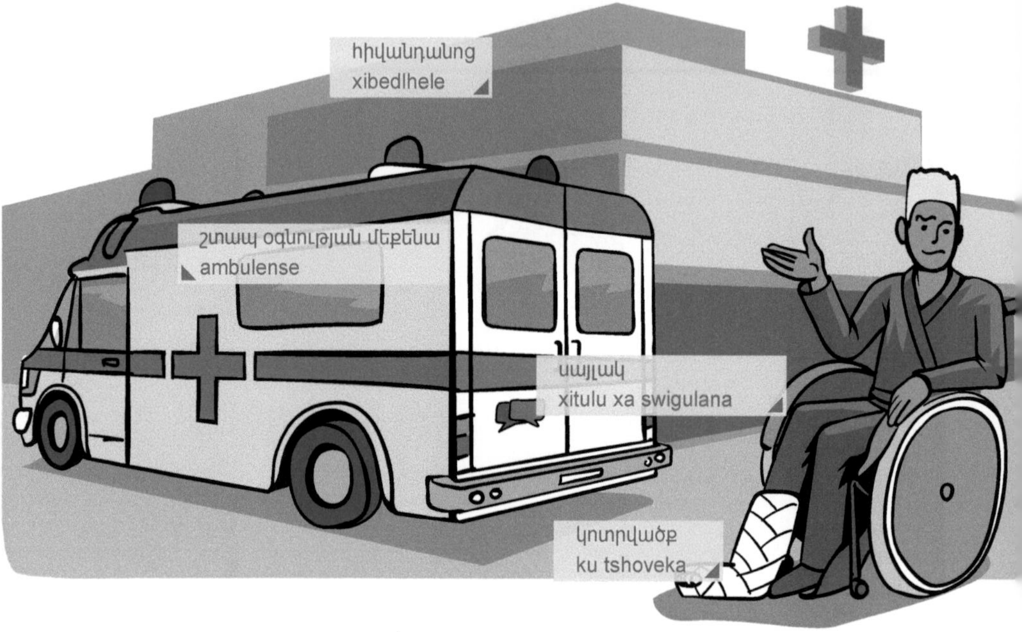

հիվանդանոց
xibedlhele
շտապ օգնության մեքենա
ambulense
սայլակ
xitulu xa swigulana
կոտրվածք
ku tshoveka

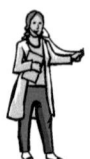

բժիշկ

dokodela

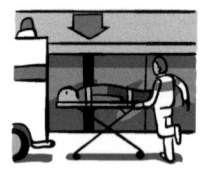

շտապ օգնության սենյակ

kamara ra xilamulela-mhango

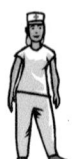

բուժքույր

muongori

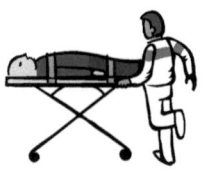

շտապ օգնություն

xihatla

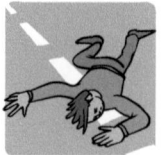

անգիտակից

ku titivala

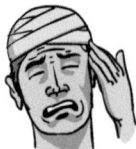

ցավ

kuvava

վնասվածք

ku vaviseka

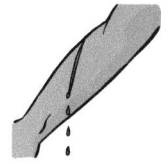

արյունահոսություն

mpfempfa ngati

սրտի կաթված

ku hlaseriwa himbilu

կաթված

ku oma swirho

ալերգիա

rinyenyo

հազ

khohlola

տենդ

xifumbu

գրիպ

mukhuhlwana

փորլուծություն

nchuluko

գլխացավ

ku pandza ka nhloko

քաղցկեղ

khensa

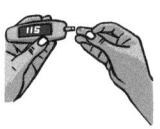

դիաբետ

chukela

վիրաբույժ

dokodela

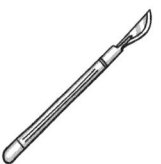

վիրադանակ

mukwana

վիրահատություն

vuhandzuri

CT

CT

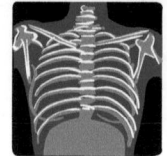

ռենտգեն

x-rheyi

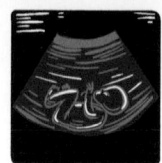

ուլտրաձայնային

muchini wo yingisela ntshuka-ntshuko

դեմքի դիմակ

xo tipfala tinhomfu

հիվանդություն

vuvabyi

սպասասրահ

kamara ro rindza

հենակ

nhonga

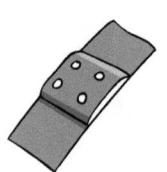

սպեղանի

semendhe

վիրակապ

bandhichi

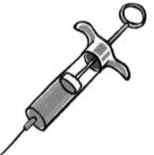

ներարկում

neleta

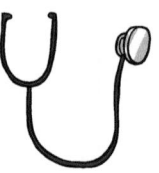

լսափողակ

muchini wa madokodela wa ku yingisa

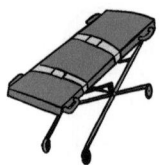

պատգարակ

rihlaka

ջերմաչափ

xipima-mahiselo

ծնունդ

ku veleka

ավելաքաշ

ku nyuhela

74 հիվանդանոց - xibedlhele

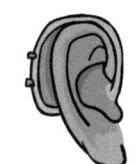

լսելով օգնության

swipfuneta-ku-twa

ախտահանիչ

khemikhale yo dlaya
switsongwatsongwana

վարակ

switsongwatsongwana

վիրուս

xitsongwatsongwana

ՄԻԱՎ / ՁԻԱՀ

HIV / AIDS

դեղորայք

miri

պատվաստում

nayiti

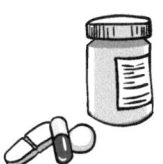

հաբեր

maphilisi

հաբ

pilisi

ահազանգ

riqingho ra xihatla

արյան ճնշման չափիչ սարք

muchini wo kamba
nsusumeto wa ngati

հիվանդ / առողջ

vabya / hanya

Շտապ օգնություն

xihatla

Օգնություն!

Pfunani!

տագնապի ազդանշան

bele

հարձակում

ku hlaseriwa

հարձակում

hlasela

վտանգ

khombo

վթարային ելք

nyangwa wo huma loko ku ri ni mhango

Հրդեհ

Ndzilo!

կրակմարիչ

xo tima ndzilo

վթար

mhangu

առաջին օգնության դեղարկղ

bokisi ra xilamulela-mhango

SOS

SOS

ոստիկանություն

phorisa

Եվրոպա

Yuropa

Հյուսիսային Ամերիկա

Amerika N'walungu

Հարավային Ամերիկա

Amerika Dzonga

Աֆրիկա

Afrika

Ասիա

Asia

Ավստրալիա

Australia

Ատլանտյան օվկիանոս

Atlantic

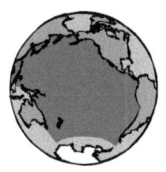

Խաղաղ օվկիանոս

Pacific

Հնդկական օվկիանոս

Lwandle-nkulu ra Indiya

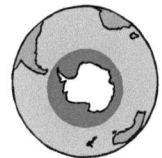

Հարավային Սառուցյալ օվկիանոս

Lwandle-nkulu ra Antarctic

Հյուսիսային Սառուցյալ օվկիանոս

Lwandle-nkulu ra Arctic

հյուսիսային բևեռ

North Pole

հարավային բևեռ

South Pole

Անտարկտիդա

Antarctica

երկիր

Misava

ցամաք

tiko

ծով

lwandle

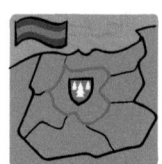

կղզի

xihlala

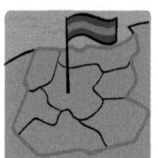

ազգ

rixaka

պետական

tiko

ժամացույց
xikomba-nkarhi

թվատախտակ

xikomba nkarhi

ժամի սլաք

xikomba-tiawara

րոպեի սլաք

xikomba-timineti

վայրկյանի սլաք

xikomba-tisekoni

Ժամը քանիսն է?

I nkarhi muni?

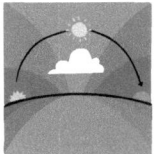

օր

siku

այսպիսով

nkarhi

այժմ

sweswi

թվային ժամացույց

wachi leyi tshavatelaka

րոպե

minete

ժամ

awara

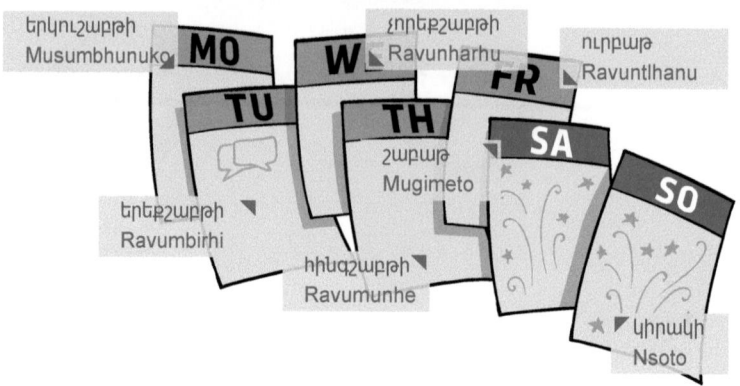

շաբաթ

viki

երկուշաբթի
Musumbhunuko
MO
TU
երեքշաբթի
Ravumbirhi
W
չորեքշաբթի
Ravunharhu
TH
հինգշաբթի
Ravumunhe
FR
ուրբաթ
Ravuntlhanu
SA
Mugimeto
SO
կիրակի
Nsoto

1

այսօր
tolo

2

այսօր
namuntlha

3

վաղը
mundzuku

առավոտ
mixo

կեսօր
nhlekani

երեկո
madyambu

MO TU WE TH FR SA SU
1 2 3 4 5 6 7
8 9 10 11 12 13 14
15 16 17 18 19 20 21
22 23 24 25 26 27 28
29 30 31 1 2 3 4

աշխատանքային օրեր
masiku ya ntirho

MO TU WE TH FR SA SU
1 2 3 4 5 6 7
8 9 10 11 12 13 14
15 16 17 18 19 20 21
22 23 24 25 26 27 28
29 30 31 1 2 3 4

շաբաթվա վերջ
mahelo vhiki

անձրև
mfpula
ծիածան
nkwangulatilo
ձյուն
gamboko
քամի
moya
գարուն
xumun'wana
ամառ
ximumu
աշուն
xixikana
ձմեռ
xixika

4.APRIL 11°
5.APRIL 4°
6.APRIL 13°
7.APRIL 8°
8.APRIL 10°

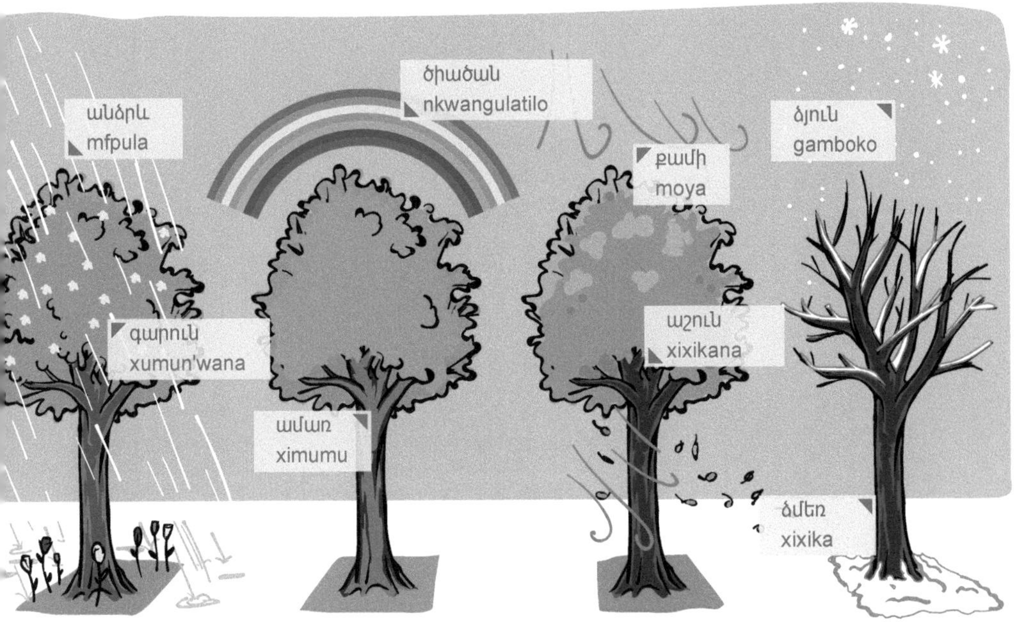

եղանակի տեսություն

vumbha tamaxelo

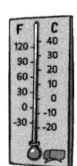

ջերմաչափ

xipima-mahiselo

արեւի լույս

dyambu

ամպ

papa

մառախուղ

hunguva

խոնավություն

kutsakama

կայծակ
rihati

որոտ
dzindza-tilo

փոթորիկ
xidzedze

կարկուտ
xihangu

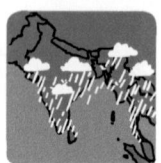

մուսոն
mpfula

ջրհեղեղ
ndhambi

սառույց
ayisi

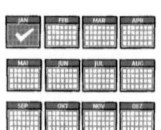

հունվար
Sunguti

փետրվար
Nyenyenyana

մարտ
Nyenyankulu

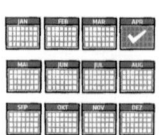

ապրիլ
Dzivamusoko

մայիս
Mudyaxihi

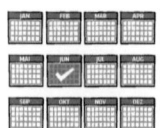

հունիս
Khotavuxika

հուլիս
Mawuwani

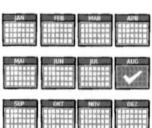

օգոստոս
Mhawuri

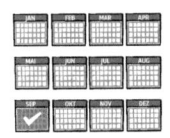

սեպտեմբեր
....
Ndzhati

հոկտեմբեր
....
Nhlangula

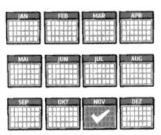

նոյեմբեր
....
Hukuri

դեկտեմբեր
....
N'wendzamhala

ձեւավորում

swivumbeko

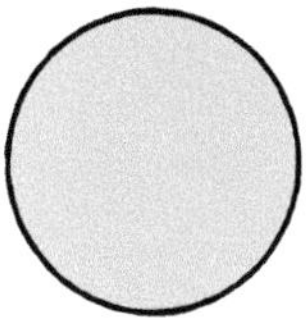

շրջան
....
xirendzevutana

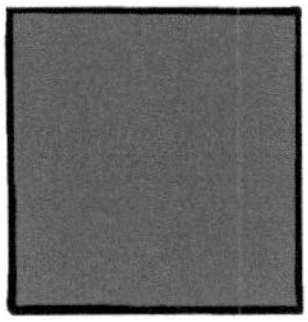

քառակուսի
....
xikwere

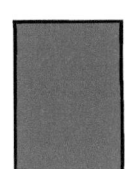

ուղղանկյունի
....
matlhelo ya mune

եռանկյունի
....
xivunguvungu xa tintlha tinharhu

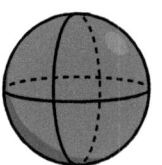

ասպարեզ
....
bolo

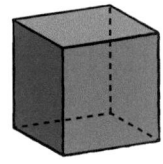

խորանարդ
....
cube

գույներ

mevala

վարդագույն

basa

մոխրագույն

xitshopana

դեղին

lamula

մանուշակագույն

tshwukanyana

կարմիր

tshwuka

շագանակագույն

xigunguvungu

կապույտ

wasi

սև

rihlaza

նարնջագույն

buraweni

սպիտակ

mpunga

կանաչ

ntima

հակադիրներ
swo hambana

շատ / քիչ

swo tala / swi tsongo

բարկացած / հանգիստ

hlundzukile / rhurile

գեղեցիկ / տգեղ

sasekile / bihile

սկսած / վերջը

masungulo / makumo

մեծ / փոքր

kulu / tsongo

պայծառ / մութ

vangama / munyama

եղբայրը / քույրը

buti / sesi

մաքուր / կեղտոտ

basile / chakile

ամբողջական / թերի

helerile / helelangiki

օր / գիշեր

siku / vusiku

մեռած / կենդանի

file / hanyaka

լայն / նեղ

pfulekile / pfalekile

ուտելի / անուտելի

swa dyiwa / a swi dyiwi

չար / բարի

homboloka / lunghile

հուզված / ձանձրացրել

tsakile / phirekile

հաստ / բարակ

nyuhela / lala

առաջին / վերջին

masungulo / makumo

ընկերը / թշնամին

mungana / nala

լիքը / դատարկ

tele / hava

կոշտ / փափուկ

tiyile / olova

ծանր / թեթև

tika / vevuka

քաղց / ծարավ

ndlala / torha

հիվանդ / առողջ

vabya / hanya

անօրինական է / իրավաբանական

swi ngariki enawini / enawini

Խելացի / հիմարություն

tlharihile / xiphukuphuku

ձախ / աջ

ximati / xinene

մոտիկ / հեռու

akusuhi / kule

Նոր / օգտագործվում
yintshwa / tirhisiwile

ոչինչ / ինչ - որ բան
hava / xin'wana

ծեր / երիտասարդ
dyuharile / muntshwa

միացում անջատում
xarirha / xitimile

բաց / փակ
pfurile / pfariwile

ցածր / բարձր
myerile / huwa

հարուստ / աղքատ
fuwile / xisiwana

ճիշտ / սխալ
swinene / bihile

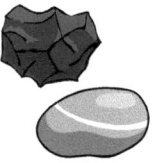

անհարթ / հարթ
khwasha / reta

տխուր / ուրախ
vaviseka / tsaka

կարճ / երկար
koma / leha

դանդաղ / արագ
hlwela / hatlisa

թաց / չոր
tsakama / oma

տաք / թույն
kufumela / titimela

պատերազմ /
խաղաղություն
nyimpi / kurhula

թվեր
nomboro

0	1	2
զրո	մեկ	երկու
noto	n'we	mbirhi
3	4	5
երեք	չորս	հինգ
nharhu	mune	ntlhanu
6	7	8
վեց	յոթ	ութ
ntsevu	nkombo	nhungu
9	10	11
ինը	տաս	տասնմեկ
nkaye	khume	khume n'we

12
տասներկու
khume mbirhi

13
տասներեք
khume nharhu

14
տասնչորս
khume mune

15
տասնհինգ
khume ntlhanu

16
տասնվեց
khume ntsevu

17
տասնյոթ
khumbe nkombo

18
տասնութ
khume nhungu

19
տասնինը
khume nkaye

20
քսան
makhume mambirhi

100
հարյուր
dzana

1.000
հազար
gidi

1.000.000
միլիոն
gidi ya magidi

անգլերեն

Xinghezi

ամերիկյան անգլերեն

Xinghezi xa Amerika

չինարեն մանդարին

Xichayina xa Mandarin

հինդի

Xihindi

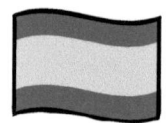

իսպաներեն

Xipaniya

ֆրանսերեն

Xifurwa

արաբերեն

Xiarabu

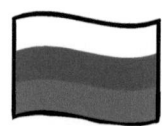

ռուսերեն

Xirhaxiya

պորտուգալերեն

Xiputukezi

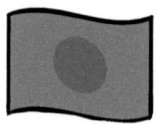

բենգալերեն

Xibengali

գերմաներեն

Xijarimani

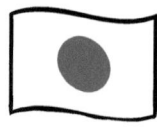

ճապոներեն

Xijapani

Ով է /, թե ինչ է /, ինչպես
mani / yini / njhani

ես

mina

դուք

wena

Նա / նա /, որ դա

yena / yena / xona

մենք

hina

դուք

n'wina

նրանք

vona

Ով է?

mani?

ինչ?

yini?

ինչպես?

njhani?

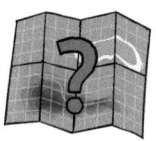

որտեղ.

kwihi?

երբ?

rhini?

անուն

vito

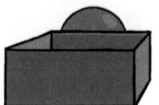

որտեղ
eka

ետևում

endzaku

մեջ

ahehla

դիմաց

emahlweni a

վրա

ahenhla ka

վրա

eka

տակ

ehansi

կողքին

handle ka

միջեւ

exikarhi ka

տեղ

ndhawu